외따로 열고

한 국 대 표
명　시　선
1　0　0

이　영　도

외따로 열고

시인생각

■ 서序

  뭐라고 말씀이 따로 있겠습니까. 서러우면 입 닫고 그리우면 가만히 가락 울릴 저의 노래가 있었을 뿐입니다.
  때로 하늘같이 창창한 그리움이 있어 황홀한 무지개를 엮어가다가도 그냥 자주 서럽기만 하는 것은 어쩔 수 없는 저의 성품인가 봅니다.
  이 분하고 슬픈 동경이 무슨 증세처럼 앓려질매 이 시조를 써온 것이니 하잘것없는 노래 쪽들인즉 그대로 호젓한 생애의 반려요 의지였던 것입니다.
  이제 사우 초정草汀이 저의 이 수집은 분신들에게 옥빛 「모시치마」로 단장시켜 세상에 다리고 나가겠다합니다.
  이들을 내보낸다는 것은 저의 안에 숨 쉬는 온갖 애환을 일일이 들추어 남 앞에 호소하는 소위所爲 같아 도로 민망할 뿐입니다.
  그러나 정작 이렇게 엮어놓고 보니 이날로 찾아 헤매던 자신을 만나보는 것 같습니다.

이 기쁨! 이 흐느낌! 하나의 짜증이며 몸부림까지를 스스로 듣고 찾아보게 된 것이 아닙니까.

저는 이제 제 청기와 솟을대문 안에서 그저 분하고 슬프고 애달프기만 하던 그 푸른 「모시치마」에게 눈부신 광명에 나부끼는 새로운 의상을 입혀야 하겠습니다.

      1953년 저무는 가을 수연정水然亭에서
      이 영 도

<첫 시조집 『청저집靑苧集』(1954. 1. 7) 서문>

■ 차 례 ─────────── 외따로 열고

시인의 말

1

달무리　13
외따로 열고　14
아지랑이　15
목련화　16
그리움　18
진달래 —다시 4·19날에　19
광화문光化門 네거리에서　20
부활절의 노래　21
청맹青盲의 창窓　22
무제·1　23

한국대표명시선100 이 영 도

2

황혼에 서서　27

석간夕刊을 보며　28

낙화落花 —진아에게　29

아가야 너는 보는가　30

화관花冠　32

신록新綠　33

연꽃　34

석류　35

보릿고개　36

유성流星　37

3

귀소歸巢　41

무릉武陵　42

단란團欒　44

비　45

탑·3　46

갈대　47

은행나무　48

낙목落木·1　49

수혈輸血　50

머언 생각　51

4

제야除夜　55

애가哀歌 —고故 김주열金朱烈 군에게　56

탑·1 —지리산 법계사지法界寺址에서　57

피아골　58

절벽　59

어머님　60

단풍 앞에서　61

흐름 속에서　62

모란　68

천계天啓 —사월탑四月塔 앞에서　69

5

설야雪夜　73

기도祈禱　74

은총　75

봄비　76

등불　77

바위　78

낙엽　79

장명등長明燈　80

산　81

단풍　82

이영도 연보　83

1

달무리

우러르면 내 어머님
눈물 고이신 눈매

얼굴을 묻고
아아 우주이던 가슴.

그 자락 학같이 여기고, 이 밤
너울너울 아지랑이.

외따로 열고

비 오고 바람 불어도
가슴은 푸른 하늘

홀로 고운 성좌星座
지우고 일으키며

솔바람
머언 가락에
목이 긴 학鶴 한 마리

멀수록 다가드는
사모思慕의 공간空間 밖을

만리萬里도 지척같이
넘나드는 꿈의 통로

그 세월
외따로 열고
다둑이는 추운 마음

아지랑이

어루만지듯
당신 숨결
이마에 다사하면

내 사랑은 아지랑이
춘삼월 아지랑이

장다리
노오란 텃밭에

나비

　　　나비

나비

　　　나비

목련화

그 재잘대던 삼월
돌다리 건너서면

봄은 사월이라
활짝 열렸는데

목련화
하이얀 꽃술에
잔잔히 고이는 하늘.

너 여흰 가슴
홍역같이 아리어도

슬픔은 관욕灌浴인가
송이마다 눈부셔라

세월에
척*이 가시듯
적적寂寂히 쌓이는 애정.

*) 원한

그리움

생각을 멀리하면
잊을 수도 있다는데

고된 삶음에
잊었는가 하다가도

가다가
왈칵 한 가슴
밀고 드는 그리움.

진달래
— 다시 4·19날에

눈이 부시네 저기
난만히 멧등마다

그날 쓰러져 간
젊음 같은 꽃사태가

맺혔던
한이 터지듯
여울여울 붉었네.

그렇듯 너희는 지고
욕辱처럼 남은 목숨

지친 가슴 위엔
하늘이 무거운데

연연히
꿈도 설워라,
물이 드는 이 산하山河.

광화문光化門 네거리에서

사월의 이 거리에 서면
내 귀는 소용도는 해일海溢

그날, 동해東海를 딩굴며
허옇게 부서지던 포효泡哮

그 소리
네 목청에 겹쳐
이 광장廣場을 넘친다.

정작 발길 덤덤해도
한 가슴 앓는 상흔傷痕

차마 바래일[漂白] 수 없는
녹물 같은 얼룩마다

천千이요
만萬의 푸른 눈매가
나를 불러 세운다.

부활절의 노래

사월의 들녘 거닐면
다시 사는 당신의 말씀

살래살래 젖는 몸짓
소곤대는 이랑마다

묻혀간
밀알의 눈매가
청즙靑汁으로 어리네.

산에 가면 망울망울
그 못 자국 진홍빛 사랑

활짝 진달래로 피어
활짝 산수유로 피어

거듭난
목숨의 연등燃燈
한 하늘을 밝혔네

청맹青盲의 창窓

정작 가득하여
안을 수 없는 하늘

이 목숨 싹 트임도
당신의 뜻이거니

빛 부신
그 음성마저
내 귀는 닫힌 절벽.

높고 먼 뜻을 이르랴
제 눈에 티도 못 비친

그 청맹의 창
닦아도 닦아도 흐리고

더듬어
생애生涯 한 가슴에
부딪치는 또 한 벽壁

무제 · 1

오면 민망하고
아니 오면 서글프고

행여나 그 음성
귀 기울여 기다리며

때로는
종일을 두고
바라기도 하니라.

정작 마주 앉으면
말은 도로 없어지고

서로 야윈 가슴
먼 창만 바라다가

그대로
일어서 가면
하염없이 보내니라.

2

황혼에 서서

산이여, 목메인 듯
지긋이 숨죽이고

바다를 굽어보는
머언 침묵은

어쩌지
못할 너 목숨의
아픈 견딤이랴?

너는 가고 애모愛慕는
바다처럼 저무는데

그 달래임 같은
물결소리 내 소리

세월은
덧이 없어도
한결같은 나의 정情.

석간을 보며

비록 소채일망정
간 맞춰 끓여 놓고

끼니 챙기며
더불어 앉은 가족

서로가
권하다 보면
적은 것도 남느니.

갈수록 내 조국은
어두운 소식인데

안기는 어린 것
티 없는 눈빛이여!

석간을
밀쳐 버리고
그를 안아 얼른다.

낙화落花
— 진아에게

너 여읜 빈 뜰에
어지러이 지는 꽃들

봄도 추워라
내 마음 가난하여

애정哀情은
수륙水陸 만 리 밖
밀고 드는 파도소리.

모란도 지고
네 모습 같은 백련白蓮 송이

조국은 한창
풍류에 낭자한 데

내 가슴
호젓한 골을
울고 가는 송뢰松籟 소리.

아가야 너는 보는가

아가야 너는 보는가
꽃등 같은 동자瞳子를 열고

나비, 물, 공기마저
독毒에 절은 이 거리를

차라리
조약돌 사금파리에다
소꿉놀이 잠챘는가.

'나의 살던 고향은
꽃피는 산골

복숭아 꽃 살구꽃
아기 진달래'

노래 속
그 꿈의 나라
고향들을 찾는 소리.

아, 다시 팔월의 청맹靑盲
머나먼 갈증의 산하山河

목메임은 아픔을 넘어
향수鄕愁마저 시들어도

쟁쟁이
골목을 밝혀
지치잖는 네 노래는.

화관花冠

봄이 가네 훨훨
꽃잎을 흩으며 가네

낙화에 쌓여 나는
화관을 이고 섰네

날리는
꽃가루 속에
그냥 묻히어 섰네.

오라 어서 그대 오라,
그 푸른 의상 곁들이고

향연 주악奏樂보다
더 겨운 이 꽃자리에

황홀한
기약을 안고
화관이 지켜 섰네.

신록 新綠

푸르른 하늘 아래
무성히 젊은 꿈들

휘느린 가지마다
가지마다 숨 가파라.

오월의
슬픔은 저리
눈부시게 익어가도……

연꽃

사바娑婆도 고쳐 보면
이리도 고운 것을

유두流頭 달빛이
연연히 내리는 이 밤

꽃송이
곱게 떠오른
연蓮못 가로 나오라.

석류

다스려도 다스려도
못 여밀 가슴 속을

알 알 익은 고독
기어이 터지는 추정秋睛

한 자락
가던 구름도
추녀 끝에 머문다.

보릿고개

사흘 안 끓여도
솥이 하마 녹슬었나.

보리 누름 철은
해도 어이 이리 긴고

감꽃만
줍던 아이가
몰래 솥을 열어보네.

유성流星

밤마다 긴 세월을
뜬 눈으로 밝히더니

아득한 꿈길처럼
기약 없는 그리움에

구만리
창창蒼蒼한 속을
뿌리치고 내려라.

3

귀소歸巢

황혼 잠긴 숲에
몰려드는 멧새 떼들

왁자히 서로 불러
인연들을 찾는 소리

영위營爲는
즐거운 목숨인가
가벼야운 날음질.

너랑 거닐던 언덕
저무는 추양秋陽 속을

그 황홀턴 귀소의 향연
이날도 선연한데

마음속
깊은 골짝을
가락 짓는 아리아……

무릉武陵

무릉에 이르르니 물은 한결 조용하고
만경萬頃 꽃구름이 서운瑞雲인양 부시는데
그윽한 풍류 소리가 넋을 절로 앗아라.

무지개 구름다리 층층이 건너가니
영롱한 산호루珊瑚樓는 호심湖心에 잠겨있고
선인仙人이 연사蓮槎를 띄워 손짓하여 부른다.

꿈속에 그리던 임을 황망히 우러르니
서릿빛 긴 나루에 춘풍이 감도는 듯
봉鳳의 눈 어린 미소는 나를 잊게 하여라.

백포白袍 황건黃巾으로 나타나는 선풍도골仙風道骨
취기醉氣 도도하여 호방한 신선神仙들은
백옥경白玉京 감로甘露를 떠서 내게 잔을 권하나.

가만히 고개를 드니 해가 이미 겨웠는데
열린 장지 밖에 낙화는 분분하고
먼 저자 인마人馬 소리만 요란하게 들린다.

단란 團欒

아이는 글을 읽고
나는야 수를 놓고

심지 돋우고
이마를 맞대면은

어둠도
고운 애정에
삼가는 듯 둘렸다.

비

그대 그리움이
고요히 젖는 이 밤

한결 외로움도
보배냥 오붓하고

실실이
푸는 그 사연
장지 밖에 듣는다.

탑·3

너는 저만치 가고
나는 여기 섰는데……

손 한번 흔들지 못한 채
돌아선 하늘과 땅

애모愛慕는
사리舍利로 맺혀
푸른 돌로 굳어라.

갈대

멀고 높은 원願이기에
여위고 기인 목을

흔들어도 흔들어도
닿을 길 없는 자락

오열嗚咽은
소지燒紙로 오르네
저기 불꽃인가? 눈보란가?

은행나무

꽃 한 송이 피우지 못한 채
기나긴 청춘의 날을

멀거니 바라만 섰기로
안으로 끓이던 그 피

차라리
치장도 겨웁네
훨훨 벗는 황금의상.

낙목落木 · 1

쟁 쟁 쟁 깃발처럼
가지마다 불 밝히고

봄바람 그 자락에
황홀턴 너의 개화開花

내 마음
무너진 성터에
지고 이는 몸짓들.

한 그루 덩치로 섰네
영화榮華도 욕스러워
상흔은 차라리
어진 기구祈求인가

천국의
아득한 길목
고독한 신神으로 섰네.

수혈輸血

투명한 관管을 타고 혈맥을 흘러드는
A형 1,000그램 아리도록 붉은 액체
그 어느 뜨거운 인연이 내 목숨에 연連하는가.

젊은 피 강물 되어 조국을 적시던 날
정작 내 육신은 꾸어다 둔 등신불
눈, 입, 귀, 멀거니 뜨고 막힌 피로 굳은 등신불.

지금 내 잦아지는 숨결 마지막 불을 밝혀
어느 혈액은행 앞 어두운 대열 속을
파리한 A형 청년의 검은 눈을 더듬는다.

머언 생각

숲 속을 흘러드는
달빛은 은은하고

호수 자는 물결
바람이 삼가는데

그 음성
귀로 외우며
머언 생각 하옵니다.

이미 그대는 가고
내가 홀로 남았는가

아슴히 하늘가에
별들은 잠이 들고

가슴에
꿈이 어리며
머언 생각하옵니다.

4

제야除夜

밤이 깊은데도 잠들을 잊은 듯이
집집이 부엌마다 기척이 멎지 않네
아마도 새날 맞이에 이 밤새우나 부다.

아득히 그리워라 내 고향 그 모습이
새로 바른 등燈에 참기름 불을 켜고
제상祭床에 제물을 두고 밤새기를 기다리나.

벌써 돌아보랴 지나간 그 시절이
떡가래 썰으시며 어지신 할머님이
눈썹 센 전설을 풀어 이 밤새우시더니.

할머니 가오시고 새해는 돌아오네
새로운 이 산천에 빛이 한결 찬란커라
어떠한 고담古談을 캐며 이 밤들을 새우노?

애가哀歌
― 고故 김주열金朱烈 군에게

눈에 포탄을 박고 머리는 맷자국에 찢겨
남루히 버림받은 조국의 어린 넋이
그 모습 슬픈 호소인 양 겨레 앞에 보였도다.

행악이 사직社稷을 흔들어도 말없이 견뎌 온 백성
가슴 가슴 터지는 분노 천동하는 우레인 데
돌아갈 하늘도 없는가 피도 푸른 목숨이여!

너는 차라리 의義의 제단에 애띤 속죄양
자국 자국 피맺힌 역사의 깃발[旗] 위에
그 이름 뜨거운 숨결일레 퍼득이는 창천蒼天에……

탑 · 1
— 지리산 법계사지法界寺址에서

한 가닥 열원熱願일레
뉘도 모를 사랑일레

물 구름 깊은 여기
신神도 외면한 골짝

노을도
비껴 타거라
이 돌이여! 정情이여!

피아골

한 장 치욕 속에
역사도 피에 젖고

너희 젊은 목숨
낙화로 지던 그날

천년의
우람한 침묵
짐승같이 울던 곳.

지친 능선 위에
하늘은 푸르른데

깊은 골 칠칠한 숲은
아무런 말이 없고

뻐꾸기
너만 우느냐
혼자 애를 타느냐.

절벽

못 여는 것입니까?
안 열리는 문입니까?

당신 숨결은
내 핏줄에 느끼는데

흔들고
두드려도 한결
돌아앉은 뜻입니까?

어머님

그 연련턴 청미靑眉를 덮은
연륜의 무게 위로

성성히 음절을 짚으며
은실 흩는 귀뚜라미

좌선한
주념珠念의 창을
가을바람이 운다.

단풍 앞에서

아직 내 눈 못 감겠네
내장산 이 풍악楓岳 두고

타지 못한 가슴
타지 못한 가슴

수석水石도
부끄러워라, 저기
잎잎들의 연소燃燒 앞에.

젊음마저 움츠린 조국
서리 매운 이 세월을

한 점 불씨에도
미칠 수 없는 둘치

회귀回歸할
그 길 헤이며
몸을 고쳐 세운다.

흐름 속에서

    1

여긴 내 신앙의 둥주리
낙동강 흥건한 유역

노을 타는 갈밭을
철새 떼 하얗게 날고

이 수천水天 헹구는 가슴엔
'세례 요한'을 듣는다.

    2

석간을 펼쳐 들면
손주놈 '고바우'를 묻는다

혀끝에 진득이는
이 풍자 감칠맛을

전할 길
없는 내 어휘

모국어도 가난타네

   3

네 살짜리 손주놈은
생선뼈를 창窓살이라 한다

장지엔 여릿한 햇살
접시엔 앙상한 창窓살

내 눈은
남해 검붉은 녹물
먼 미나마타[水俣灣]*에 겹친다

   4

용서하자 용서하자
일곱 번의 일흔 번도

넉넉히 폭을 열고
봄을 풀어 흐르는 강

내 가슴
한 뼘 오기에도
물고 이제 트거라

   5

세월도 녹이 슬어
언어마저 굳은 목청

사념의 숱한 찌꺼기
멍으로만 쌓여진다

풀잎에
글썽이는 이슬,
그 망울에도 젖던 정이……

   6

한 알의 열매이고저
열원에 타던 목젖

봄비로도 천동으로도
다 못추긴 일월日月을 딛고

찬 서리
이마에 받으며
큰 손길을 기다린다.

   7

새벽 뜨락에 서면
한 하늘 쏟아지는 별빛

점점이 투명한 고독에
아, 씻음 받는 가슴이여!

적설積雪에
몸을 헹구며
태를 푸는 저 북악北岳……

   8

이젠 멀리도 왔네
당신 장막 그 기슭에

해거름 산빛을 앓던
신열마저 가셔지고

허청히
손을 저어도
빈 하늘 겨울나무

    9
눈 오시는 날에
절두산切頭山 기슭을 거닌다

푸르디푸른 강 앞에
목숨의 길을 듣는다

뜨거워
오히려 찬 이마

그 사랑을 듣는다

달궈 사루지도 못하고
피 뿌리지도 못하고

다만 주여, 주여,
뜨물 같은 목마름에

또 하나
나를 겨루어
등이 굽은 예순 해여!

*) 수질공해로 인체 질병이 극심한 일본의 어느 항만 이름.

모란

여미어 도사릴수록
그리움은 아득하고

가슴 열면 고여 닿는
겹겹이 먼 하늘

바람은
봄이 겨웁네
옷자락을 흝는다.

천계天啓
― 사월탑四月塔 앞에서

신 벗고, 탑 앞에 서면
한 걸음 다가서는 조국

그 절규 사무친 골엔
솔바람도 설레어 운다

푸르게
눈매를 태우며, 너희
지켜 선 하얀 천계

5

설야雪夜

눈이 오시네, 사락사락
먼 어머님 옷자락 소리

내 신방新房 장지 밖을
감도시던 기척인 듯

이 한밤
시린 이마 짚으시며
약손인 듯 오시네.

곰곰이 헤는 성상星霜
멀고 험한 오솔길을

갈[耕]아도 갈아도 목숨은
연자방아 도는 바퀴

갈퀴손
어루만지며
언약言約인 듯 오시네.

기도祈禱

목마른 가슴을 여미
눈 감는 내 조석朝夕은

그 나라 이어 맺을
손질하는 여린 실끝

뜨겁게 생애生涯할 무늬
씨와 날을 감는 꾸리.

은총

잎잎이 가을을 흔들고
들국화 낭랑한 언덕

그 푸름 속 아른아른
고추잠자리 난다

당신 뜰
마지막 향연 위로
구름이 가네, 바람이 가네.

봄비

조용히 잠결을 흔들고
장지 밖 봄비 소리

한 겨울 내 담통膽痛을 풀며
우수절雨水節 밤비가 내린다

강산은
관절을 펴고
말문들이 풀리겠다

이 밤, 당신 말씀에
흥건히 적심 입어

거듭나고 싶어라
내 심령心靈 덩굴마다

뿌리신
씨앗 낱낱이
알곡으로 맺고 싶다.

등불

밤 깊어 뜨락에 서면
영등포永登浦 휘황한 불빛

신화神話도 자리를 옮겨
내리지른 성좌星座 속을

아련히
강을 적시는
상도동上道洞 산번지山番地들.

이 밤도 그 준선俊線엔
낭자히 져갈 의지

겨레가 겨레를 겨눈
이 형벌의 강산 위엔

어머님!
흰 눈을 내려
약손으로 덮으소서

— 북한에서 남파한 무장간첩들과의 접전이 동해안 산악지대에
  서 치열하던 날 밤에.

바위

나의 그리움은
오직 푸르고 깊은 것

귀먹고 눈먼 너는
있는 줄도 모르는가

파도는
뜯고 깎아도
한번 놓인 그대로……

낙엽

기댈 곳 없는 정이
묘妙를 헤는 일월日月인데

올올이 이 한밤
목을 잣는 귀뚤이

쓸어도
쓸어도 가슴을
가랑잎이 쌓인다.

장명등長明燈

직지사直指寺 눈 깊은 밤을
외로 호롱이 탄다.

자칫 꺼질 듯 꺼질 듯
먼 마을 닭 우는 소리

어디메
또 한 알 적멸寂滅이
빛을 잃고 새는가.

회한悔恨은 골을 울어도
오관五管마저 닫힌 산하

가슴 깊은 소沼에
녹슨 언어만 잠기는데

한 줄기
칠흑을 밝혀
아른아른 발원發願이여.

산

저 청산이 좋아
여여如如한 기맥氣脈이 좋아

오늘도 너를 향해
내 창가에 앉다

고독은
한결 법열法悅일래
먼 노을이 탄다.

산은 푸른 산은
내 말 없는 친구

어느 인간의 애환에
미칠 수 없는 가슴

사랑은
곱게 여미어
향수鄕愁처럼 어질다.

단풍

너도 타라 여기
황홀한 불길 속에

사랑도 미움도
넘어선 정이어라

못내턴
그 청춘들이
사뤄 오르는 저 향로香爐

이 영 도

연 보

1916 (1세) 10월 22일 경북 청도군 청도면 내호동 259번지에서 선산 군수를 지낸 아버지 이종수李鍾洙와 어머니 구봉래具鳳來의 1남 2녀 중 막내로 태어남. 시인 이호우와는 남매간임.
밀양보통학교 입학.

1937 (22세) 대구의 명문 부호 박기수와 결혼.
10월 10일 진아 출생.

1945 (30세) 부군과 사별.
12월 ≪죽순竹筍≫지에 「제야」를 발표하면서 문단에 나옴.

1946 (31세) 작곡가 윤이상, 시인 유치환이 근무하던 경남 통영여고 교사로 부임. 폐침윤 발병으로 마산 결핵요양원에서 휴양.
불교에서 기독교로 개종함.

1953 (38세) 부산남성여고에 부임. 사택에 기거했으며 당호堂號를 '수연정'으로 지음.

1954 (39세) 첫 시조집 『청저집靑苧集』(문예사) 간행.

1955 (40세) 폐침윤의 재발로 휴양 겸 마산성지여고로 옮김. 당호는 '계명암'.

1956 (41세) 부산여대 강사로 취임하고 동래 온천장 부근에 거처를 마련하고 당호를 '애일당愛日堂'으로 부름.

1958 (43세) 수필집 『춘근집椿芹集』(청구출판사) 간행.

1960(45세) 어머니 시조모임인 <달무리회> 결성.

1963(48세) 부산어린이집 관장으로 취임. <꽃무리회> 조직.

1966(51세) 수필집 『비둘기 내리는 뜨락』(민조사) 간행.
제8회 눌원문화상 수상.

1967(52세) 서울 마포로 거처를 옮김.

1968(53세) 오빠인 이호우와 오누이 시조집 『비가 오고 바람이 붑니다』 중의 이영도 편 『석류石榴』(중앙출판공사) 간행.

1969(54세) 5월 본인의 호를 딴 <정운丁芸문학상> 제정. 딸 진아 김의준과 결혼.

1970(55세) 1월 6일 오빠 이호우 시인 급서急逝.

1971(56세) 수필집 『머나먼 사념思念의 길목』(중앙출판공사) 간행,

1974(59세) 중앙대학교 예술대학 강사.

1975(60세) 수필집 『애정은 기도처럼』(범우사) 간행.
한국시조작가협회 부회장. 한국여류문학인회 부회장.

1976(61세) 3월 6일 12시 5분 자택에서 뇌일혈로 사망. 3월 8일 문인장 거행.
3월 9일 고향의 선영에 묻힘. 장례위원장 이은상, 조사弔詞 구상 시인.

유작집遺作集으로 시조집 『언약言約』(중앙출판공사), 수필집 『나의 그리움은 오직 푸르고 깊은 것』(중앙출판공사) 간행됨.

〚한국대표명시선100〛을 펴내며

　한국 현대시 100년의 금자탑은 장엄하다. 오랜 역사와 더불어 꽃피워온 얼·말·글의 새벽을 열었고 외세의 침략으로 역경과 수난 속에서도 모국어의 활화산은 더욱 불길을 뿜어 세계문학 속에 한국시의 참모습을 드러내게 되었다.
　이 나라는 글의 나라였고 이 겨레는 시의 겨레였다. 글로 사직을 지키고 시로 살림하며 노래로 산과 물을 감싸왔다. 오늘 높아져 가는 겨레의 위상과 자존의 바탕에도 모국어의 위대한 용암이 들끓고 있음이다.
　이제 우리는 이 땅의 시인들이 척박한 시대를 피땀으로 경작해온 풍성한 시의 수확을 먼 미래의 자손들에게까지 누리고 살 양식으로 공급하는 곳간을 여는 일에 나서야 할 때임을 깨닫고 서두르는 것이다.
　일찍이 만해는 「님의 침묵」으로 빼앗긴 나라를 되찾고 잃어가는 민족정신을 일으켜 세우는 밑거름으로 삼았으며 그 기름의 뜻은 높은 뫼로 솟아오르고 너른 바다로 뻗어 나가고 있다.
　만해가 시를 최초로 활자화한 것은 옥중시 「무궁화를 심고자」(≪개벽≫ 27호 1922. 9)였다. 만해사상실천선양회는 그 아흔 돌을 맞아 만해의 시정신을 기리는 일의 하나로 '한국대표명시선100'을 펴내게 된 것이다.
　이로써 시인들은 더욱 붓을 가다듬어 후세에 길이 남을 명편들을 낳는 일에 나서게 될 것이고, 이 겨레는 이 크나큰 모국어의 축복을 길이 가슴에 새겨나갈 것이다.

만해사상실천선양회

한국대표명시선100 | 이영도

외따로 열고

1판1쇄 발행 2013년 6월 21일
1판2쇄 발행 2017년 7월 22일

지 은 이   이영도
뽑 은 이   만해사상실천선양회
펴 낸 이   이창섭
펴 낸 곳   시인생각
등록번호   제2012-000007호(2012.7.6)
주   소   고양시 일산동구 호수로 688. A-419호
           ㉾10364
전   화   050-5552-2222
팩   스   (031)812-5121
이 메 일   lkb4000@hanmail.net

값 6,000원

ISBN 978-89-98047-49-8 03810

* 잘못된 책은 책을 구입하신 서점에서 교환하여 드립니다.

※ 이 책은 만해사상실천선양회의 지원으로 간행되었습니다.